Johanna Renner

Aus der Reihe: e-fellows.net stipendiaten-wissen

e-fellows.net (Hrsg.)

Band 236

Die Cueca – der chilenische Nationaltanz

GRIN Verlag

Bibliografische Information der Deutschen Nationalbibliothek:

Die Deutsche Bibliothek verzeichnet diese Publikation in der Deutschen National-
bibliografie; detaillierte bibliografische Daten sind im Internet über http://dnb.d-
nb.de/ abrufbar.

Impressum:

Copyright © 2010 GRIN Verlag GmbH
Druck und Bindung: Books on Demand GmbH, Norderstedt Germany
ISBN: 978-3-656-01384-6

GRIN - Your knowledge has value

Der GRIN Verlag publiziert seit 1998 wissenschaftliche Arbeiten von Studenten, Hochschullehrern und anderen Akademikern als eBook und gedrucktes Buch. Die Verlagswebsite www.grin.com ist die ideale Plattform zur Veröffentlichung von Hausarbeiten, Abschlussarbeiten, wissenschaftlichen Aufsätzen, Dissertationen und Fachbüchern.

Besuchen Sie uns im Internet:

http://www.grin.com/

http://www.facebook.com/grincom

http://www.twitter.com/grin_com

Die Cueca – der chilenische Nationaltanz

Johanna Renner

LK Musik
09/11

Inhaltsverzeichnis

Die Cueca - der chilenische Nationaltanz

1. Einführung

1.1   Auswahl des Themas

Im Jahr 2008 verbrachte ich ein Austauschjahr in Santa Cruz, einer ländlichen Stadt 180km südlich von Santiago, der Hauptstadt Chiles. Bei Festen innerhalb der Gemeinde oder Festakten in der Schule sah man immer wieder, wie Cueca, der chilenische Nationaltanz getanzt wurde. Es ist schwer zu verstehen, welchen Regeln dieser lose Paartanz folgt, den die Chilenen in traditioneller Kleidung und als Zeichen ihres Nationalstolzes tanzen. Deshalb habe ich mich bei der Wahl meines Facharbeitsthemas entschlossen, diesem Tanz, der vor allem während der chilenischen Nationalfeiertage eine große Rolle spielt, aber auch bei anderen Gelegenheiten getanzt wird, auf den Grund zu gehen. Im Sommer 2010, den ich wiederum in Chile verbrachte, hatte ich Gelegenheit, mit einigen Musikern, aber auch mit Laien über die Cueca zu sprechen, sie in ihrer einfachsten Form tanzen zu lernen und Musikaufnahmen mitzubringen.

1.2   Schwerpunktsetzung

Im Rahmen dieser Facharbeit soll die Cueca möglichst genau beschrieben werden. Zunächst werden Herkunft und Entwicklung betrachtet und anschließend die traditionelle Kleidung, die poetische Form der Cueca, der eigentliche Tanz und der musikalische Aufbau dargestellt. Die Beschreibung der Besonderheiten der Cueca bezieht sich dabei immer auf die Cueca criolla[1], die am weitesten verbreitete Cueca, die auch in Santa Cruz, wo ich gelebt habe, ausschließlich getanzt wird.
Am Schluss der Arbeit sollen noch persönliche Erfahrungen mit der Cueca eingebracht werden und dargelegt werden, was die Cueca für die Chilenen heute bedeutet.

---

[1] Dtsch: Kreolische Cueca; Kreolisch gleichbedeutend mit hispanoamerikanisch

1.3 Kurzinformation zu Chile

Karte Chiles

Chile (amtl.: Republik Chile) erstreckt sich im Südwesten Südamerikas, etwa 4000km entlang der Pazifikküste (siehe Karte[2]). Durch diese große Nord-Südausdehnung, aber auch durch die extremen Höhenunterschiede zwischen Küste und Anden[3] besitzt Chile eine große klimatische Vielfalt. Im Norden liegt die Atacama-Wüste, eines der trockensten Gebiete der Erde. In Zentralchile herrscht ein mediterranes Klima, das eine ertragreiche Landwirtschaft ermöglicht und dieses Gebiet zum dichtbesiedeltsten Chiles macht. Im Gegensatz zum trockenen Norden fällt Richtung Süden immer mehr Niederschlag und die Temperaturen sind wesentlich niedriger. Geprägt ist der Süden vor allem durch seine zahlreichen Vulkane, Seen und Flüsse und die vorgelagerten Inseln.[4]

---

[2] O. A., Landkarte Chile (kleine Übersichtskarte),
http://www.weltkarte.com/suedamerika/chile/landkarte-chile.htm
[3] Bis zu 6000m
[4] Nach Sieber, 2009, S. 118 ff

Etwa 13.000 v. Chr. siedelten die ersten Menschen im heutigen Staatsgebiet Chiles. Zu dieser Zeit wurde Chile von indianischen Ureinwohnern, vorwiegend Mapuche, bewohnt. Ab 1540 wurde Chile von Spanien kolonialisiert. Neben dem erbitterten Widerstand der Mapuche im Süden des Landes, behinderten vor allem Naturkatastrophen wie Vulkanausbrüche und Tsunamis die Entwicklung des Landes. 1808, als Napoleons Bruder Joseph Spanien regierte, regte sich in Chile der Wunsch nach Unabhängigkeit, so dass sich am 19.September 1810 eine Junta bildete, die Chile zunächst zur unabhängigen Provinz im spanischen Königreich erklärte. Diesen Tag feiern die Chilenen noch heute als ihren Nationalfeiertag. Wenig später sagten die Chilenen sich komplett vom spanischen Königreich los. Zwischen 1814 und 1818 übernahmen zum letzten Mal die Spanier die Macht. Anschließend wurde das Land nur noch von Chilenen regiert.[5]

Besonders erwähnenswert in der neueren Geschichte Chiles ist, dass das Volk 1970 eine kommunistische Regierung mit Salvador Allende an der Spitze wählte. Die darauffolgende Militärdiktatur unter General Augusto Pinochet, der am 11.September 1973 durch einen Putsch an die Macht kam und mit brutalen Methoden regierte, kam erst 1989 durch eine freie Wahl zu einem Ende.[6]

2. Die Cueca und ihre Besonderheiten

Die Cueca wird stets von einem Ensemble aus circa fünf Musikern, Männern und Frauen, gespielt, die auch zur Musik singen. Es ist möglich, dass solch ein Ensemble seine eigenen Tänzer, manchmal ein Paar, oft aber auch mehrere, mitbringt. Das Ensemble kann aber auch einfach zur Tanzmusik bei einem Fest aufspielen.

---

[5] Nach Sieber, 2009, S. 135 ff
[6] Nach Sieber, 2009, S. 147 ff

2.1 Geschichte der Cueca[7]

2.1.1 Herkunft der Cueca

Die Cueca ist in Chile das erste Mal im Jahre 1824/25 dokumentarisch belegt und somit seit den Anfängen der Republik in Chile zuhause, wobei ihre genaue Herkunft nicht eindeutig geklärt ist. Im Laufe der Zeit wird sie, vor allem aufgrund ihrer vorwiegend mündlichen Überlieferung, immer wieder verändert, erhält verschiedene Namen und unterscheidet sich heute entsprechend der verschiedenen Regionen Chiles deutlich.

Es gibt mehrere Theorien über die Herkunft der Cueca. Die einfachste und zugleich am weitesten verbreitete interpretiert den Tanz als Imitation der Balz des Hahns um die Henne, die die Ureinwohner nachahmten. Sie sieht die Cueca somit als einen Tanz rein chilenischer Herkunft. Diese Annahme liegt nahe, wenn man die Form[8] des Tanzes genauer betrachtet. Für diese Theorie spricht auch, dass die Cueca früher Clueca[9] genannt wurde.

Eine andere Theorie führt die Cueca auf den maurischen Tanz Zambra[10] aus Spanien zurück. Sie geht von einem früheren Namen aus, dem der Zambra Cueca oder Zambra Clueca, und ihrer poetische Form[11], die orientalischen Gedichten ähnelt.

Teilweise werden auch afrikanische Ursprünge vermutet, da die Cueca religiösen Tänzen der afrikanischen Sklaven ähnelt, die im 18. Jahrhundert nach Chile kommen.

Am wahrscheinlichsten ist jedoch, dass die Cueca aus Peru nach Chile kommt, da die ersten Instrumente, die zu ihrer Ausführung benutzt werden, die Gitarre und der cajón peruano[12] sind.

Allerdings hat der Tanz in Chile seine ganz eigene Weiterentwicklung erfahren und gelangte von dort über Argentinien und Bolivien wieder zurück nach Peru. So

---

[7] Nach Mauricio Hicho Sepulveda Garrido (s. Bibliographie/Gespräch)
[8] Siehe 2.4
[9] Dtsch: Glucke
[10] Flamenco mit orientalischen Einflüssen
[11] Siehe 2.3
[12] Dtsch: Peruanischer Kasten; Perkussionsinstrument aus Holz in Form eines Kastens

kann man dann doch von einem typisch chilenischen Tanz sprechen, da es ihn in dieser Form sonst nirgendwo auf der Welt gegeben hat.

2.1.2 Entwicklung der Cueca

In Peru tritt die Cueca erstmals im 16./17. Jahrhundert auf, wo sie zu Beginn Zambaclueca genannt wird, was auf eine anfängliche Verbindung mit der Samba hinweist. Später wird der Name zu Zambacueca geändert, wohl als sprachliche Vereinfachung.

1824 kommt die Cueca schließlich nach Chile, was auf die gute Freundschaft zwischen dem spanisch beeinflussten Peru und Chile in dieser Zeit zurückzuführen ist, die auch die chilenische Mode sehr beeinflusst. Sie wird zunächst als Cueca valseada[13] in der chilenischen Aristokratie und als Cueca zapateada[14] in den unteren Schichten und Bordellen getanzt. Ursprünglich nicht in Chile entstanden, kommt die Cueca eher durch Zufall dorthin. Begleitet wird sie damals unter anderem mit Harfe und Gitarre, wobei letztere gleichzeitig auch als Perkussionsinstrument dient, da auf ihr der Rhythmus geklopft wird. Manchmal markiert auch ein Tormento[15] den Rhythmus.

Die Weitergabe und Verbreitung der Cueca erfolgt von Familie zu Familie oder durch Musiker, die nach Peru[16] gehen, um die Cueca dort zu erlernen. Sie ist in Chile so beliebt und wird so viel getanzt, dass sie in Peru, Argentinien und Bolivien zu dieser Zeit nur noch als Chilena[17] bekannt ist. Während des Salpeterkriegs[18] nannten die Peruaner die Cueca dann allerdings in Marinera[19] um.

Um 1900 ist die Cueca bereits in ganz Chile bekannt. Sie findet dort vor allem deshalb so großen Anklang, da sie der erste romantische und insbesondere frei getanzte Tanz ist, im Gegensatz zu den statischen Schreittänzen[20], die bis dahin

---

[13] Dtsch: Walzerähnliche (streng festgelegte) Cueca
[14] Dtsch: Gestampfte (hüpfend und frei getanzte) Cueca
[15] Perkussionsinstrument, das im Inneren mit Kronkorken gefüllt ist und beim Spielen einen metallenen Klang erzeugt; Typisch für die chilenische Volksmusik
[16] Heutiger Norden Chiles
[17] Dtsch: Chilenin
[18] Krieg von Peru und Bolivien gegen Chile von 1879 bis 1884, um die salpeterreiche Region der Atacamawüste; Heute alles chilenisches Staatsgebiet
[19] Dtsch: Matrosenjacke, Seefahrerin
[20] Französische Tänze, wie Bourrée, Polonaise

in Chile bekannt sind. Die Cueca erlaubt es dem Herrn erstmals, tanzend die Dame zu erobern.

Um 1920 entsteht in den Vororten der großen Städte die Cueca brava[21] oder auch Cueca chora[22], die sich in ihren Texten hauptsächlich mit den politischen und sozialen Problemen der Zeit beschäftigt. Die Chilenen treffen sich abends in Bars, sitzen zusammen und tanzen Cueca. Diese Art der Cueca wird ab 2000 wiederentdeckt und ist heute recht beliebt. In der Hafenstadt Valparaíso[23] entsteht gleichzeitig die Cueca porteña[24], die ebenfalls von den alltäglichen Problemen spricht, ihrem Umfeld entsprechend aber viel freier und anzüglicher getanzt wird.

Während der Militärdiktatur in Chile, zwischen 1973 und 1989 erfüllt die Cueca zwei konträre Aufgaben. Augusto Pinochet erklärt die Cueca am 18.09.1979 durch ein Nationaldekret offiziell zum chilenischen Nationaltanz, obwohl sie diesen Stellenwert bei den Menschen eigentlich schon lange davor inne hatte. Noch heute wird aus diesem Grund der Nationaltanz in der Grundschule erlernt. Zahlreiche Tanz- und Musikgruppen, die sich der Cueca widmen, werden in dieser Zeit gegründet. Einerseits wird sie also von dem militärischen Regime zu Propagandazwecken genutzt und im Anschluss an Militärparaden getanzt und soll im Volk, wo der Tanz weitverbreitet und beliebt ist, Einheit und Zusammengehörigkeitsgefühl schaffen. Andererseits bildet das Tanzen der Cueca unter der Diktatur eine der wenigen Möglichkeiten für die Menschen, ihren Protest zum Ausdruck zu bringen. So versammeln sich in Santiago immer wieder Mütter und Witwen vor Regierungsgebäuden.

„Sie tanzten eine „Cueca", die 1979 von Pinochet zum Nationaltanz deklariert worden war. Der üblicherweise paarweise aufgeführte Tanz wurde von den Frauen als Solotanz veranstaltet, wobei Fotos der Verschwundenen gezeigt wurden."[25]

---

[21] Dtsch: Wilde, mutige Cueca
[22] Dtsch: Diebische Cueca
[23] Siehe Karte zu 1.3
[24] Dtsch: Hafencueca; Porteña bezeichnet alles, was sich auf ein Hafengebiet bezieht
[25] Stroh, 2007, S. 77

Zu Ehren dieser Frauen schreibt Sting 1987 den Song „They dance alone" (Cueca solo)[26].

Diese starke Verknüpfung mit dem Terror und der Gewalt der Pinochet-Zeit hat allerdings auch dazu geführt, dass sich viele Menschen nach Beendigung der Diktatur von dem Tanz distanzieren, da er unter der Militärdiktatur eher als Zwang betrachtet wird.

1978 findet in der Stadt Arica[27] der erste nationale Cuecawettkampf statt, wobei nur der Tanz bewertet wird und die Musiker für wechselnde Tänzer spielen. Bis heute gibt es zahlreiche Cuecawettbewerbe, angefangen von der Schulebene bis zu internationalen Veranstaltungen. Auch gibt es immer wieder Kompositionswettbewerbe, bei denen neue Cuecas vorgestellt werden. Diese Wettkampfmentalität ist immer noch stark durch das Militärdenken beeinflusst und bei vielen Chilenen deshalb sehr unbeliebt.

Seit 1980 hat sich die Cueca kaum verändert. Jedoch gibt es von Anfang an starke regionale Unterschiede, da sich auch die Kultur im Norden Chiles sehr von der im Süden des Landes unterscheidet. So wird je nach Region anders getanzt, mit anderen Instrumenten begleitet und teilweise nicht gesungen. Bekannt sind 17[28] Formen der Cueca, von denen einige besonders nennenswert sind. Die Cueca nortina[29], die im Norden anzusiedeln ist. Sie ist schneller und wird, so wie zu Beginn des 19. Jahrhunderts, immer noch walzerähnlich getanzt und nicht gesungen. Die Cueca campesina[30], die vor allem in der Zentralzone Chiles von den Menschen auf dem Land getanzt wird und weniger elegant ist. Die Cueca chilota[31], die im Süden des Landes auf der Insel Chiloé getanzt wird. Sie ist viel lebendiger und hüpfender, der Gesang eher geschrien. Schließlich die Cueca criolla aus der Region um Santiago, die am weitesten verbreitet ist und traditio-

---

[26] O. A., Sting They Dance Alone Lyrics,
http://www.lyricsfreak.com/s/sting/they+dance+alone_10225057.html
[27] Nördlichste Stadt Chiles; Siehe auch Karte zu 1.3
[28] Cueca nortina, Cueca campesina, Cueca valseada, Cueca criolla, Cueca de velorio, Cueca larga, Cueca larga del 21, Cueca larga del balance, Cueca larga del capote, Cueca de destreza, Cueca cómica, Cueca de chapecaos, Cueca robada, Cueca de libre pensamiento, Cueca chilota, Cueca brava/chora, Cueca porteña
[29] Dtsch: Nördliche Cueca; Nortina ist hier geografisch mit der Wüstenregion Chiles gleichzusetzen
[30] Dtsch: Ländliche Cueca
[31] Dtsch: Chilotische Cueca; Chilotisch bezieht sich auf alle Dinge, die typisch für die Insel Chiloé sind; Sie liegt im Süden des Landes, etwa auf Höhe Puerto Montts, vor der Küste und hat ca. 150.000 Einwohner; Siehe auch Karte zu 1.3

nell von Harfe, Gitarre, Bassgitarre, Mandoline, Laute, Tamburin und Tormento[32] begleitet wird.

2.2   Traditionelle Kleidung

Auch bei der traditionellen Kleidung gibt es regionale Unterschiede, was schon allein durch die klimatischen Bedingungen zu erklären ist. Die meistverbreitete Kleidung jedoch ist die, mit der die Cueca criolla getanzt wird. (Siehe Fotos[33] auf Seite 10 und 11)

2.2.1   Tänzer

Junge in Tracht eines Huasos

Der Cuecatänzer, genannt Huaso[34], trägt ein kariertes Baumwollhemd und darüber eine kurze, andalusische Weste in gedeckten Farben (meist grau, schwarz, manchmal weiß). Die lange, geradegeschnittene Hose ist ebenfalls grau oder schwarz und hat Nadelstreifen. Gehalten wird die Hose von einem bestickten Ledergürte, an dem Fransen (meist in rot) befestigt sind. Dazu trägt der Huaso schwarze Lederlappen über den Hosenbeinen und schwarze Stiefel mit einem kleinen Absatz, an die Sporen geschnallt werden. Über der Jacke trägt der Huaso eine Manta[35], die sowohl auf der Vorder- als auch auf der Rückseite traditionell zwei einfarbige Felder hat. Als Hut wird im Sommer eine aus Stroh hergestellte Chu-

---

[32] Siehe 2.1.2
[33] Aus eigenem Bestand
[34] Dtsch: Bauer, Landarbeiter
[35] Chilenische Form des Ponchos

palla[36] mit breiter Krempe oder im Winter ein aus Leder hergestellter Sombrero[37] getragen.

Ein wohlhabender Huaso kennzeichnet sich dadurch aus, dass er an Stelle der Manta einen Chamanto[38] trägt, der ebenfalls die zwei einfarbigen Felder aufweist, aber zusätzlich auf der Außenseite aufwendig bestickt ist und in der Regel über 1000€ kostet.

2.2.2   <u>Tänzerin</u>

Die Cuecatänzerin, genannt China[39] (in seltenen Fällen auch Huasa), trägt ein überknielanges Kleid aus buntem, oft mit Blumen verziertem Stoff, der am Rand mit Rüschen gesäumt ist. Manchmal wird dazu eine passende Schürze getragen. Alternativ möglich ist eine Bluse mit einem Rock. Die Schuhe sind schwarz und haben einen flachen Absatz, um gut damit tanzen zu können. Traditionell werden die Haare in zwei Zöpfen getragen, aber auch das Tragen von Dutt oder angeflochtenem Zopf ist weit verbreitet. Kleine weiße oder rote Blumen schmücken häufig die Frisur.

Der Unterschied zwischen einer wohlhabenden und einer weniger vermögenden Tänzerin ist klar zu erkennen. Die wohlhabende Huasa de salón[40] trägt eine ße Rüschenbluse, meist mit einer kleinen

China (ohne typische Frisur)

---

[36] Typisch chilenischer Strohhut (siehe Foto des Huasos)
[37] Dtsch: Hut
[38] Kunstvoll bestickter Poncho
[39] Dtsch: Bauernfrau
[40] Dtsch: Festliche Huasa

Schleife um den Kragen, darüber, wie der Herr, eine kurze, andalusische Jacke. Der lange Rock ist schwarz, manchmal bestickt und an der Vorderseite auf einer Seite hoch geschlitzt. Darunter sind weiße Rüschen eingenäht. Um die Taille wird eine meist rote Schärpe gebunden. Das Schuhwerk besteht aus schwarzen Stiefeln mit Absatz oder den normalen schwarzen Absatzschuhen. Als Kopfbedeckung dient ein Sombrero. Die Tracht der Huasa de salón entwickelte sich erst im Laufe der Zeit, da die reicheren Tänzerinnen in ihren ursprünglich weißen Kleidern froren, sich vom Huaso die Jacke liehen und schwarze Pferdedecken um die Hüfte schlangen.

Beide Partner benötigen für den Tanz unbedingt ein weißes Taschentuch, das circa 30x30cm groß und bei der Dame oft kunstvoll verziert ist.
Natürlich ist es möglich, die Cueca in Alltagskleidung zu tanzen. Auf das Taschentuch kann jedoch keinesfalls verzichtet werden, deshalb werden manchmal spontan einfache Papierservietten benutzt.

2.3   Poetische Form der Cueca[41]

Beim Text jeder Cueca muss grundsätzlich zwischen der geschriebenen und der gesungenen Form unterschieden werden, da diese unterschiedliche Längen aufweisen.

2.3.1 Geschriebene Form der Cueca

Die geschriebene Form der Cueca soll an einem Beispiel verdeutlicht werden. Dazu wird der Text der Cueca „Adiós Santiago querido"[42] (span. Auf Wiedersehen geliebtes Santiago) von Segundo Zamora herangezogen.

---

[41] Nach Valdés Nuñez, o. J., S. 248 f
[42] O. A., o. J., S. 7

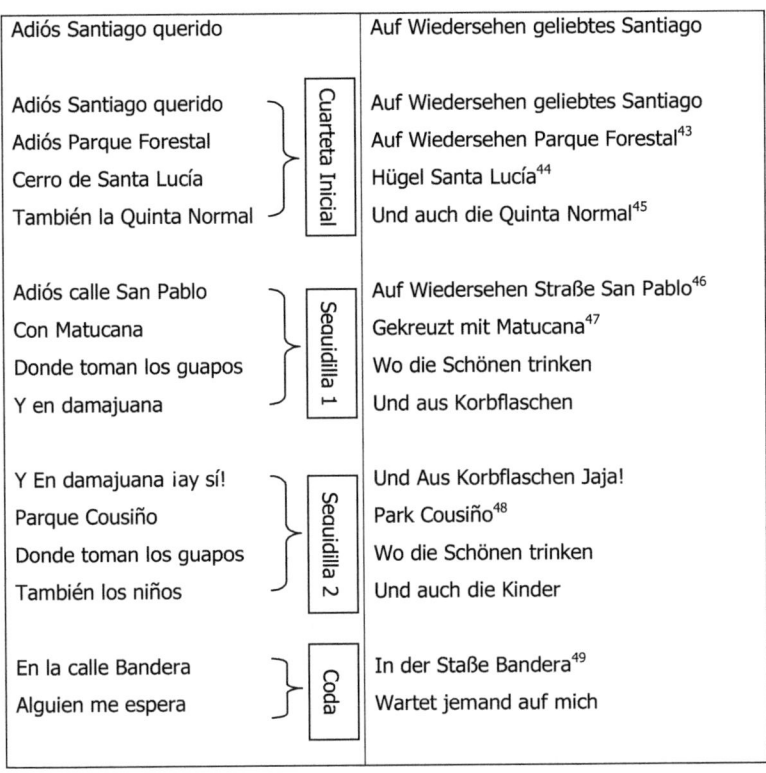

Adiós Santiago querido		Auf Wiedersehen geliebtes Santiago
Adiós Santiago querido		Auf Wiedersehen geliebtes Santiago
Adiós Parque Forestal	Cuarteta Inicial	Auf Wiedersehen Parque Forestal[43]
Cerro de Santa Lucía		Hügel Santa Lucía[44]
También la Quinta Normal		Und auch die Quinta Normal[45]
Adiós calle San Pablo		Auf Wiedersehen Straße San Pablo[46]
Con Matucana	Seguidilla 1	Gekreuzt mit Matucana[47]
Donde toman los guapos		Wo die Schönen trinken
Y en damajuana		Und aus Korbflaschen
Y En damajuana ¡ay sí!		Und Aus Korbflaschen Jaja!
Parque Cousiño	Seguidilla 2	Park Cousiño[48]
Donde toman los guapos		Wo die Schönen trinken
También los niños		Und auch die Kinder
En la calle Bandera		In der Staße Bandera[49]
Alguien me espera	Coda	Wartet jemand auf mich

Die Cueca besteht, wie hier im Beispiel, meist aus einem 14zeiligen Text. Dieser kann in drei Abschnitte untergliedert werden. Der erste, die Cuarteta Inicial[50], ist ein Vierzeiler zu je acht Silben. Dabei reimen sich der zweite und der vierte Vers. Danach folgen zwei Folgestrophen, die Seguidillas[51], die sich jeweils aus vier Ver-

---

[43] Dtsch: Waldpark; Befindet sich im Zentrum Santiagos
[44] Park auf einem Hügel in der Innenstadt Santiagos; Besonders Liebespaare gehen hier oft spazieren
[45] Wichtige Straße in Santiago, die entlang des Fluss Mapocho (Fluss durch Santiago) führt
[46] Straße südlich des Mapocho
[47] Straße in Santiago, die in Nord-Süd Richtung läuft; benannt nach einer peruanischen Stadt
[48] Park im Bankenviertel Santiagos
[49] Dtsch: Fahnenstraße; Straße in Santiago, die am Bankenviertel vorbei in Nord-Süd-Richtung verläuft
[50] Dtsch: Anfangsquartett; Quartett bezieht sich hier auf die vierversige Strophe
[51] Dtsch: die Folgenden

sen á sieben und fünf Silben im Wechsel zusammensetzen, wobei der erste Vers, genannt verso guacho[52], der zweiten Folgestrophe gleich dem letzten Vers der ersten Folgestrophe ist und die Siebensilbigkeit durch das Anfügen eines „Ay sí"[53] erreicht wird, welches für die Tänzer als Angabe zur zweiten Drehung[54] dient. Den Schluss, die Coda (oder auch Remate, Estrambote[55]) bilden nochmals zwei Verse á sieben und fünf Silben.

Dass sich im Deutschen bei den Versen andere Silbenanzahlen ergeben, liegt daran, dass die Chilenen Silben verschleifen und anders trennen.

2.3.2 Gesungene Form der Cueca

Anders als die geschriebene Form besteht die gesungene Form der Cueca aus 18 oder 20 Versen, da Verse wiederholt werden, um sich der jeweiligen musikalischen Struktur anzupassen. Dies soll ebenfalls an dem Beispiel der bereits verwendeten Cueca gezeigt werden.

1. Adiós Santiago querido,
2. adiós Parque Forestal, sí, ay ay ay.
3. Adiós Parque Forestal, sí, ay ay ay.
4. Cerro de Santa Lucía,
5. también la Quinta Normal, sí, ay ay ay.
6. Adiós Santiago querido, sí, ay ay ay.
7. Adiós calle San Pablo
8. con Matucana,
9. donde toman los guapos
10. y en damajuana, sí, ay ay ay.
11. Adios Calle San Pablo
12. con Matucana, sí, ay ay ay.
13. En damajuana, ay sí,
14. Parque Cousiño,

---

[52] Dtsch: Verwaister Vers
[53] Dtsch: zu übersetzen mit jaja; Soll einer Aussage Nachdruck verleihen
[54] Siehe 2.4.2, Figur 4
[55] Dtsch: Abschluss, Ende

15. donde toman los guapos,

16. también los niños, sí, ay ay ay.

17. En la calle Bandera

18. alguién me espera.[56]

So wird der zweite Vers zweimal gesungen und als sechster Vers noch einmal der erste wiederholt. Der sechste gesungene Vers zeigt immer an, dass die Anfangs-strophe zu Ende ist. Vers elf und zwölf sind die Wiederholung von sieben und acht. Der 13. endet mit dem „ay sí", was immer verdeutlicht, dass dies der erste Vers der zweiten Folgestrophe ist. Wenn die Cueca 20 Verse hat, sind Vers 17 und 18 die Wiederholung von 15 und 16. Die beiden letzten Verse sind immer die Coda.

Desweiteren findet man in der gesungenen Cueca bestimmte Füllworte oder Wendungen, um die Textlänge der Musik anzupassen. Im Beispiel von „Adiós Santiago querido" ist das ebenfalls der Fall, so wird hier am Ende von fast jedem Vers „sí, ay ay ay"[57] hinzugefügt.

Durch die immer gleiche Form kann jeder beliebige Cueca-Text auf jede beliebige Cueca-Melodie gesungen werden.

2.4 Tanz

Die Cueca ist ein loser Paartanz, bei dem sich die Tänzer in Kreisen aufeinander zu und voneinander weg bewegen. Der Herr versucht während des Tanzes sym-bolisch, die Dame zu erobern. Durch seinen Tanz gibt er seiner Zuneigung Aus-druck und versucht, die Tänzerin durch Zurschaustellung seiner Männlichkeit zu beeindrucken. Allerdings darf er hierbei nicht übertreiben. Der Huaso verfolgt die Dame und versucht, sich ihr zu nähern, ohne sie jemals zu berühren. Die Dame flieht vor dem verliebten Huaso und bestimmt so die jeweilige Tanzrichtung. Sie zeigt sich gleichzeitig fasziniert und versucht durch weiche Bewegungen ihre

---

[56] Nach O. A., o. J., S. 7
[57] So wie „ay sí"

Zartheit und Schönheit zu betonen. Huaso und Huasa sehen sich während des Tanzes unverwandt in die Augen.

2.4.1 Bedeutung des Taschentuchs

„El movimiento que ejecutan los bailerines con el pañuelo suele llamarse floreo, por la calidez de sus movimientos y el alegre alarde de sus giros.
El floreo del pañuelo tiene mucha importancia en el baile, ya que encierra en completo con la coreografía del baile un hermoso lenguaje de amor."[58]

Die Dame hält das Taschentuch zwischen Zeigefinger und Mittelfinger der rechten Hand etwa auf Höhe des Gesichts. Von dort schwingt sie es aus dem Handgelenk heraus, immer kreisend, in wellenförmigen Bewegungen auf und ab, um so den Herrn herauszufordern.

Der Herr fasst sein Taschentuch wie die Dame und beschreibt damit Linien und Kreise über seinem Kopf. Im Laufe des Tanzes hebt und senkt er das Taschentuch, dabei immer weiter Kreise beschreibend, bis er es schließlich, während er die Dame verfolgt, mit beiden Händen über den Kopf hält, um damit anzudeuten, dass er die Dame einfangen möchte.[59]

Wird das Taschentuch nicht benutzt, steckt es immer sichtbar im Schürzenband oder Gürtel.

2.4.2 Figuren des Tanzes

Alle Figuren (Zeichnungen[60] zur Verdeutlichung) des Tanzes werden mit derselben Schrittart ausgeführt. Wenn man sich nach rechts bewegt, kreuzt hierzu der linke Fuß vorne über den rechten. Bewegt sich die Figur in die andere Richtung, so kreuzt der rechte Fuß vorne über den linken. Dies passiert im Rhythmus der Musik und im Einklang mit den Bewegungen des Taschentuchs.

---

[58] Valdes Nuñez, o.J., S. 254; Dtsch: „Die Bewegung, die die Tänzer mit dem Taschentuch ausführen wird üblicherweise Floreo (Dtsch: Schmeichelei, Pirouette) genannt, aufgrund der Anmut ihrer Bewegungen und der fröhliche Zurschaustellung ihrer Kreisbewegungen. Dem Floreo des Taschentuchs kommt im Tanz eine große Bedeutung zu, da er zusammen mit der Choreografie des Tanzes eine wunderschöne Sprache der Liebe enthält."
[59] Vgl. Video: ricardo1979ahumada, 02.- Curso de Cueca
[60] O. A., cueca brava II, http://eltigreesloquenoves.blogspot.com/; Zeichnung zur Figur 5: eigener Entwurf

Zunächst beginnt die Musik ohne Gesang. Hier
sucht der Herr sich die Dame aus, die ihm am
meisten gefällt und lädt sie zum Tanz ein. Sie
lehnt zunächst ab, willigt schließlich aber doch
ein.

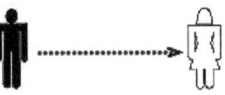

- Figur 1: Paseo[61]

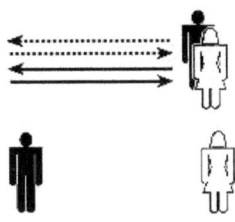

Während des Vorspiels geht die Dame am Arm ihres
Huasos spazieren, bis er sie an einer Stelle loslässt
und sich ihr gegenüber aufstellt[62]. Beide ziehen ihr
Taschentuch, halten es in der rechten Hand, während sie den Rhythmus der Cueca klatschen und
sich leicht im Rhythmus wiegen. Sobald die Tänzer
bereit sind, beginnt der Gesang.

- Figur 2: Vuelta Inicial[63]

Der Anfangskreis beginnt mit Einsatz des Gesangs. Beide Tänzer beschreiben

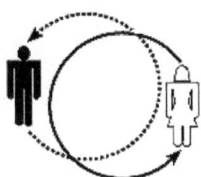

einen Kreis nach rechts, den Abstand zueinander hal-
tend, wobei sie immer ins Innere des gedachten Kreises schauen, bis sie wieder auf ihrem ursprünglichen
Platz angelangt sind. Den Abschluss kann eine Rechtsdrehung um sich selbst bilden.

- Figur 3: Medialuna[64]

In der darauffolgende Figur bewegen sich die Tänzer im Halbkreis (bzw. Halb-

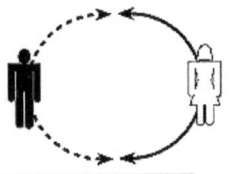

mond; siehe Name). Hierbei entscheidet
sich die Dame für die Richtung, in die sie
zuerst tanzen möchte. Der Herr folgt ihr
wie ein Spiegelbild. Beim Zusammentref-

---

[61] Dtsch: Spaziergang
[62] Circa 3-5m Entfernung
[63] Anfangskreis
[64] Dtsch: Halbmond

fen am äußeren Ende des Halbkreises, machen beide ein paar Zwischenschritte auf der Stelle. Dann bewegen sich beide in die Gegenrichtung und treffen sich am anderen Ende des Halbkreises. Die Figur wird mehrfach wiederholt.

Die bisher beschriebenen Figurenwerden während der Cuarteta Inicial[65] getanzt.[66]

- Figur 4: Vuelta[67]

Nun folgt auf Aufforderung eines Sängers, der Vuelta ruft, eine erneute Rechtsbewegung beider Tänzer auf der gedachten Kreislinie, mit auf den Tanzpartner gerichtetem Blick. Allerdings nur soweit, dass die beiden Tänzer ihre vorherigen Plätze tauschen. Dort angekommen folgt jeweils eine Rechtsdrehung um sich selbst.

- Figur 5: Escobillado[68]

Nach der Drehung folgt eine Figur, die fast vollständig auf der Stelle ausgeführt wird, wobei eine kleine Bewegung, aufeinander zu und wieder weg, möglich ist. Die Figur heißt Escobillado und dieser Vorstellung nach bewegt man abwechselnd die Füße, als ob man mit einer Bürste den Boden darunter reinigen würde. Hierbei wird der Fuß, der das Einkreuzen[69] vollzieht, nie aufgesetzt. Der Fußwechsel erfolgt durch einen kleinen Hüpfer.

Figur 4 und 5 werden während der ersten Seguidilla[70] getanzt.[71]

---

[65] Siehe 2.3
[66] Vgl. Video: ricardo1979ahumada, 03.- Curso de Cueca
[67] Dtsch: Drehung
[68] Von span: escobilla; Dtsch: Kleiner Besen, Scheuerbürste
[69] Fachbegriff aus dem Tanzsport: Brush
[70] Siehe 2.3.
[71] Vgl. Video: ricardo1979ahumada, 04.- Curso de Cueca

- Figur 6: Vuelta

Sobald im Gesang das „Ay sí" zu hören ist, beenden die Tänzer den in Figur 4 begonnenen Kreis, so dass beide am Ende dieser Figur wieder in ihrer Ausgansposition stehen.

- Figur 7: Zapateo[72]

Bei dieser Figur stampft man abwechselnd mit dem linken und dem rechten Fuß auf der Stelle. Das Wichtigste dabei ist, den Takt zu halten.

Mit dem Ende des Zapateos ist auch das Ende der zweiten Seguidilla[73] erreicht.[74]

- Figur 8: Remate

Zum Schluss kreisen sich die Tänzer gegenseitig gegen den Uhrzeigersinn spiral-

förmig ein, um dann am Ende in der Mitte aufeinanderzutreffen. Mit dem Ende der Musik muss die Dame sich wieder beim Herrn einhaken. Dieser muss dafür sorgen, dass er rechtzeitig neben der Dame zum Stehen kommt, damit das Paar in dem Augenblick, in dem der Gesang endet, gemeinsam in der Mitte des vorher gedachten Kreises steht.[75]

2.5 Musik

Die Cueca criolla wird typischerweise von einem Ensemble mit Gitarre, Harfe, Tormento, Akkordeon und Tamburin begleitet, wobei auch weitere Instrumente möglich sind. Der Gesang ist mehrstimmig und kann sowohl von Männern als auch von Frauen übernommen werden. Die Sänger spielen oftmals auch selber eines der Instrumente.

Viele Cuecaspieler spielen die Stücke auswendig, da sie keine Noten lesen können.

---

[72] Von span: zapatear; Dtsch: den Rhythmus mit den Füßen stampfen
[73] Siehe 2.3
[74] Vgl. Video: ricardo1979ahumada, 05.- Curso de Cueca
[75] Vgl. Video: ricardo1979ahumada, 06.- Curso de Cueca

2.5.1 Rhythmus

„Un pie de Cueca dura entre 44 y 56 compases, dependiendo de las repeticiones de cada variante. Se basa en el metro 6/8, aunque también aparece el de 3/4 y la alteración de ambos. La velocidad metronómica es aproxímadamente de negra con punto = 74 a 80."[76]

In dem gewählten Beispiel „Adiós Santiago querido" ist Polymetrik zu erkennen.

Es kommen sowohl der oben beschriebene 3/4- und der 6/8-Takt vor, zeitweise aber auch ein 9/8-Takt, der sozusagen Triolen auf die Viertel des 3/4 Takts spielt. Betont werden außerdem die zweiten, dritten, fünften und sechsten Achtel des 6/8 Takts(⅂××⅂××)[77]. Nach diesem Schema klatschen das Paar, bevor es mit dem Tanzen beginnt, und die zuschauenden Gäste.

Die Begleitung auf der Gitarre oder die Perkussion markieren während der gesamten Cueca den Rhythmus mit durchgehenden Achtel- und Sechzehntelfiguren, die sich ständig wiederholen. Hier zwei weitverbreitete Rhytmusschemata[78]:

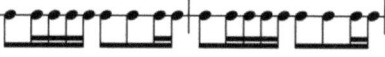

2.5.2 Melodie

Die eigentliche Melodie liegt im Gesang. Dieser bewegt sich meist innerhalb einer Oktave und einer Tonart. Die Mehrzahl der Cuecas ist in Dur geschrieben, da sie einen fröhlichen Festcharakter vermitteln. Die Melodie ist sanglich, da Intervalle selten größer als eine Quinte sind. Jedoch ist der Rhythmus für europäisches

---

[76] O. A., o. J., S. 5; Dtsch: „Eine einzelne Cueca ist zwischen 44 und 56 Takten lang, abhängig von den Wiederholungen jeder Variante. Sie basiert auf dem Metrum von 6/8, obwohl auch 3/4 und der Wechsel von beiden auftauchen. Die metrische Geschwindigkeit ist ungefähr die einer **punktierten Viertel = 74 bis 80**."

[77] Vgl. Hörbeispiel: O. A., 02 - Adios Santiago querido.mp3

[78] O. A., o. J., S. 5

Gefühl sehr kompliziert, da oft Verschiebungen vorkommen. Die gesamte Melodie einer Cueca besteht aus zwei viertaktigen Motiven, die im weiteren Verlauf variiert werden. Dies soll am bereits verwendeten Beispiel „Adiós Santiago querido"[79] verdeutlicht werden.

Hier bilden die ersten vier Takte das Motiv A. Motiv B besteht aus den nächsten vier Takten. Im weiteren Verlauf werden beide Motive mit kleinen Veränderungen weiterverarbeitet, wobei sie nicht zwingend abwechselnd vorkommen müssen.

Bei mehrstimmigem Gesang wird üblicherweise im Terzintervall gesungen.

Um neue Cuecas für die Nachwelt zu erhalten, können sie heute registriert werden. Dazu müssen der Text und die Melodielinie (zwei Motive) an die Nationalbibliothek in Santiago geschickt werden.

---

[79] Nach o. A., o. J., S. 7; Siehe Notenbeispiel S. 22; Vgl. auch Hörbeispiel: O. A., 02 - Adios Santiago querido.mp3

2.5.3 Begleitung

Die Cueca wird zunächst von einem der Instrumente mit einer Improvisation eröffnet, die solange dauert, bis sich alle Tanzpaare gefunden und aufgestellt haben, dann setzen nach und nach die anderen Instrumente ein. Während des Vorspiels (Aufforderung und Paseo) animiert ein Sänger die Anwesenden zum Mittanzen und heizt die Stimmung an, indem er Scherze macht. Auch zwischendurch wirft er immer wieder kurze Kommentare ein oder fordert zur Vuelta[80] auf. Die Cueca wird die gesamte Zeit von den Instrumenten begleitet und schließt mit einem knappen Nachspiel. Die Harmonie ist einfach, da sie sich aufgrund der fehlenden Weiterentwicklung der Melodie nicht verändert. Dies ist auch der Grund, warum die meisten Cuecaspieler keine Noten lesen können, selbst wenn sie seit Jahren musizieren. Sie können die einfachen Harmonieabfolgen, die sich in der Regel nicht außerhalb einer Tonart bewegen und selten mehr als fünf verschiedene Griffe auf der Gitarre erfordern, auswendig und geben sie von Spieler zu Spieler weiter.

In „Adiós Santiago querido"[81] ist diese einfache Harmonisierung zu finden. Das Motiv A wird durch eine Kadenz aus tonarteigenen Akkorden der Tonart G-Dur begleitet und das Motiv B durch die Ausweichung in die Paralleltonart E-Moll.

3. Schluss

Auch wenn die Cueca heute bei privaten Anlässen nicht mehr so häufig wie früher getanzt wird, ist sie nach wie vor beliebt und jeder Chilene kennt sie. Eine Umfrage[82] ergab allerdings, dass immer weniger junge Städter wissen, wie man die Cueca tanzt, weil sie diese im Schulunterricht nur noch ansatzweise kennenlernen. Viele Chilenen tanzen sie zwar am Nationalfeiertag, hören in ihrer Freizeit jedoch kaum mehr Cueca. Übereinstimmend äußern jedoch alle, dass ihnen die Cueca gefällt, denn *„para los chilenos la Cueca es una cosa de corazón"*[83].

---

[80] Siehe 2.4.2
[81] Siehe S. 22
[82] Durchgeführt von der Verfasserin im September 2010; Fragebogen siehe Anhang
[83] Mauricio Hicho Sepulveda Garrido (s. Bibliographie/Gespräch); Dtsch: „Für die Chilenen ist die Cueca eine Herzensangelegenheit."

Anders als in der Stadt hat die Cueca auf dem Land immer noch einen sehr hohen gesellschaftlichen Stellenwert. Sie führt bei kirchlichen, dörflichen und privaten Festen Jung und Alt zusammen. Da der Tanz keinerlei Körperkontakt mit sich bringt, kann jeder unbeschwert mit jedem tanzen. Für viele ältere Menschen bildet die Teilnahme an einer Cuecagruppen zudem eine gute Möglichkeit, körperlich aktiv zu bleiben und Kontakte zu pflegen.

Wer sich als Ausländer am Nationalfeiertag in Chile aufhält, wird kaum darum herumkommen, die Cueca zu tanzen, denn die Chilenen möchten damit selbstverständlich ihren Nationalstolz demonstrieren und den Gast beeindrucken. Selbst wer nur die Grundschrittart, aber keinerlei Figuren kennt, wird alle Chilenen begeistern, wenn er *ihren Nationaltanz,* die Cueca, mittanzt.

Bibliographie

Literatur:

Bahamonde Tejada, Heriberto, Puerto Montt, 1991, Curso de Cueca. Historia.

Claro Valdés, S., Peña Fuenzalida, C., Quevedo Cifuentes, M. I., Santiago, 1994, CHILENA O CUECA TRADICIONAL

O. A., o. O., o. J., La Cueca Historia y Canciones para tocar Guitarra

Sieber, Malte, Hohenthann, 2009, Chile und die Osterinsel

Stroh, Wolfgang M., Westermann, 2007, EinFach Musik Szenische Interpretation von Musik, Eine Anleitung zur Entwicklung von Spielkonzepten anhand ausge-wählter Beispiele

Valdes Nuñez, Pedro, o. O., o. J., Geografía folklórica de Chile, Tomo II

Internet:

O. A., Landkarte Chile (kleine Übersichtskarte), o. D., http://www.weltkarte.com/suedamerika/chile/landkarte-chile.htm, aufgerufen am 29.11.2010

Mena, Rosario, Rescate, September 2003, http://www.nuestro.cl/notas/rescate/mario_rojas.htm, aufgerufen am 01.11.2010

O. A., Apuntes cuequeros: letra, métrica y recursos web, 01.September 2005, http://www.educarchile.cl/Portal.Base/Web/VerContenido.aspx?ID=100722, auf-gerufen am 31.8.2010

O. A., cueca brava II, 06.September 2008,
http://eltigreesloquenoves.blogspot.com/, aufgerufen am 04.12.2010

O. A., CUEKHISTÓRICA, o. D.,
http://www.cuecachilena.cl/cuecahistorica.htm, aufgerufen am 30.08.2010

O. A., La Cueca Chilena, o. D.,
http://html.rincondelvago.com/cueca-chilena_1.html, aufgerufen am 30.8.2010

O. A., Sting They Dance Alone Lyrics, o. D.,
http://www.lyricsfreak.com/s/sting/they+dance+alone_10225057.html, aufgerufen am 29.11.2010

Gespräch:

Mauricio Hicho Sepulveda Garrido, Musiklehrer am Instituto Regional Frederico Errazuriz, geführt am 30.08.2010

Hörbeispiel:

O. A., 02 - Adios Santiago querido.mp3, o. D.,
Segundo Zamora, Adiós Santiago querido,
http://www.4shared.com/get/1afxeSQ7/02_-_Adios_Santiago_querido.html, heruntergeladen am 19.12.2010

Videos:

ricardo1979ahumada, 02.- Curso de Cueca, 18. September 2009,
http://www.youtube.com/user/ricardo1979ahumada#p/u/5/maqmKSDzepY, heruntergeladen am 20.12.2010

ricardo1979ahumada, 03.- Curso de Cueca, 18. September 2009,
http://www.youtube.com/user/ricardo1979ahumada#p/u/4/LDbwY9XAjvo, heruntergeladen am 20.12.2010

ricardo1979ahumada, 04.- Curso de Cueca, 18. September 2009,
http://www.youtube.com/user/ricardo1979ahumada#p/u/3/oLcEA7cWdAQ, heruntergeladen am 20.12.2010

ricardo1979ahumada, 05.- Curso de Cueca, 18. September 2009,
http://www.youtube.com/user/ricardo1979ahumada#p/u/2/wWNc4O1mtGc,
heruntergeladen am 20.12.2010

ricardo1979ahumada, 06.- Curso de Cueca, 18. September 2009,
http://www.youtube.com/user/ricardo1979ahumada#p/u/1/JgjMbuw6XtU, heruntergeladen am 20.12.2010

Fragebogen der durchgeführten Umfrage

ENTREVISTA

Sexo □m □f

Edad □10-25 □26-40 □41-55 □56-60 □61<

Profesión _____

Ciudad de residencia _____

A Usted le gusta la Cueca? □si □no

Usted sabe bailarla? □si □no

A qué edad aprendió a bailarla? _____

Cuándo fué la última vez que la bailó?

□la semana pasada □el mes pasado □en los 3 últimos meses

□en los 6 últimos meses □el año pasado □el 18 de septiembre del año pasa-do

En qué tipo de ocasión baila Cueca? _____

En su tiempo libre escucha Cueca? □si □no

Deutsch: INTERVIEW

Geschlecht □m □f

Alter □10-25 □26-40 □41-55 □56-60 □61<

Beruf _____

Wohnort _____

Gefällt Ihnen die Cueca? □ja □nein

Können Sie Cueca tanzen? □ja □nein

In welchem Alter lernten Sie sie zu tanzen? _____

Wann haben Sie zuletzt Cueca getanzt?

□vergangene Woche □vergangener Monat □in den letzten drei Monaten

□im letzten halben Jahr □letztes Jahr □am 18. September vergangenen Jahres

Bei welcher Gelegenheit tanzen Sie Cueca? _____

Hören Sie in Ihrer Freizeit Cueca? □ja □nein

Renner, Johanna, Die Cueca – der chilenische Nationaltanz